丝绸之路

古城日记

雷涛题

徐宏宪 编写

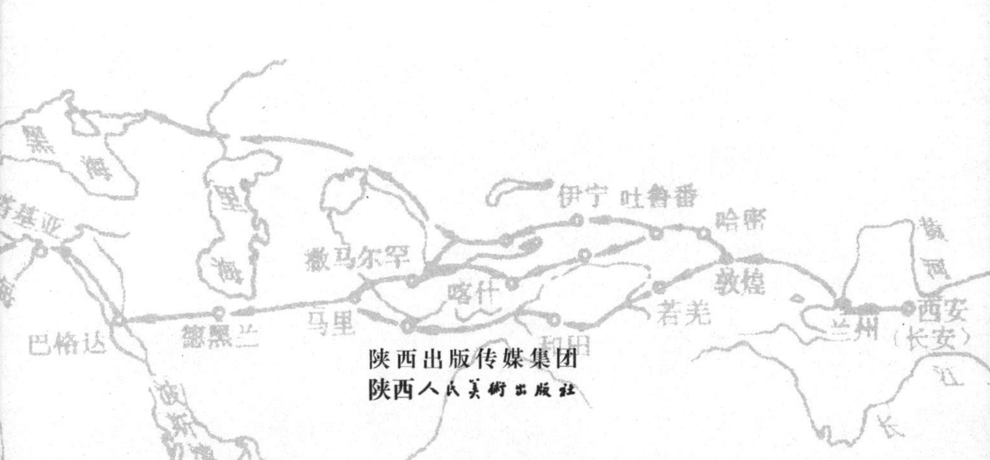

陕西出版传媒集团
陕西人民美術出版社

奄
咸海
欧洲
黑海
里海
蔡
大秦
（古代罗马）
大月
安塔基亚
安条克
大
地中海
条支
安息
（帕提亚）
亚
亚历山大
阿拉伯
非洲

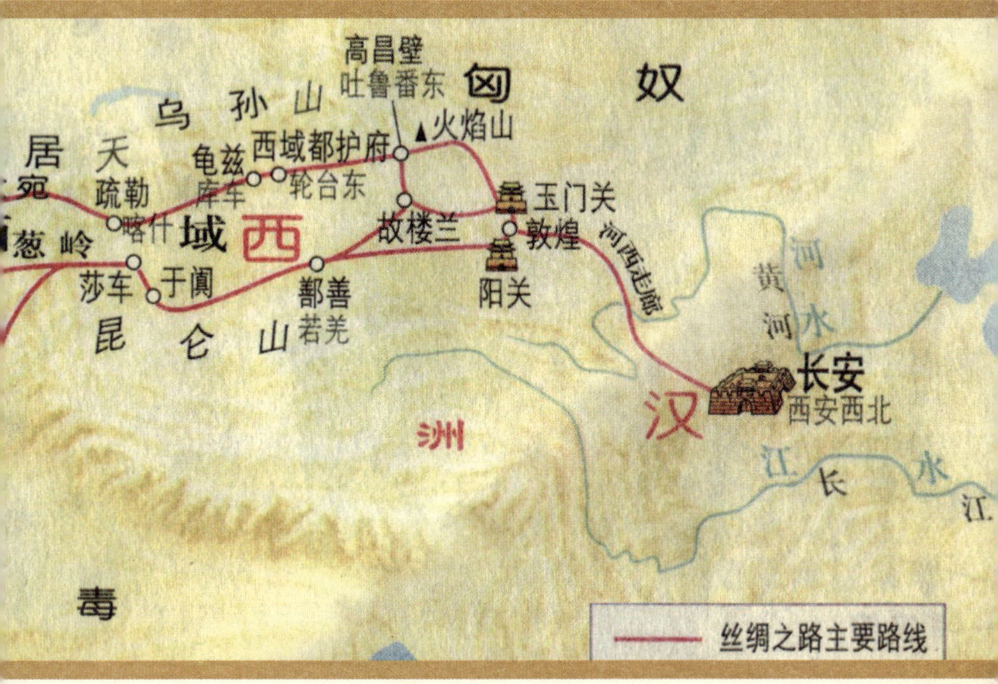

丝绸之路，一如丝带般横亘时空，阅尽沧桑，迤逦未断。它串起了沿线无数的名山胜水、戈壁烽燧、荒城绿洲，而多少历史人物、云烟往事，亦俱在其中。当19世纪德国地理学家李希霍芬第一次使用“丝绸之路”来命名中国西部通往欧洲的贸易线路后，此条丝路，愈为世人所知。当今，在习近平主席提出建设“丝绸之路经济带”的伟大构想及中国政府的大力推动下，它再度成为显学，举世知闻。

习近平总书记讲话（摘录）

2013年12月30日，在中共中央政治局第十二次集体学习时强调指出："要系统梳理传统文化资源，让收藏在禁宫里的文物、陈列在广阔大地上的遗产、书写在古籍里的文字都活起来。"

在哈萨克斯坦纳扎尔巴耶夫大学演讲："2100多年前，中国汉代的张骞肩负和平友好使命，两次出使中亚，开启了中国同中亚各国友好交往的大门，开辟出一条横贯东西、连接欧亚的丝绸之路。我的家乡陕西，就位于古丝绸之路的起点。站在这里，回首历史，我仿佛听到了山间回荡的声声驼铃，看到了大漠飘飞的袅袅孤烟。这一切，让我感到十分亲切。"

在哈萨克斯坦纳扎尔巴耶夫大学演讲："为了使我们欧亚各国经济联系更加紧密、相互合作更加深入、发展空间更加广阔，我们可以用创新的合作模式，共同建设'丝绸之路经济带'。这是一项造福沿途各国人民的大事业。"

前言——八千里路云和月

中华文明与欧、亚、非三大洲的其他文明很早就相互影响、交流，但这些文明之间的交往路线一直没有概括性名称。19世纪，德国地理学家李希霍芬在他的名著《中国》里首次提出“丝绸之路”一名。他对“丝绸之路”的经典定义是：“从公元前114年到公元127年间，连接中国与河中（指中亚阿姆河与锡尔河之间）以及中国与印度，以丝绸之路贸易为媒介的西域交通路线。”这个说法很快得到东西方众多学者的赞同，英国人称“The Silk Road”；法国人称“La Route de la Soie”；日本人则称“绢の道”，凡此皆为“丝绸之路”一词的各种译名。

随着“丝绸之路”研究的深入，人们的视野得到极大地开阔。从时间上，考古新发现把东西方丝绸贸易的开端追溯到公元前4世纪，甚至更早时期；从空间上，文献记载和考古发现相互引证，说明张骞通西域不久，罗马帝国首都罗马城就出现了中国丝绸。因此，研究者一般把罗马视为“丝绸之路”的终点，并把汉唐中国古都长安视为“丝绸之路”的起点。

公元前138年，中国历史上第一个西域探险家张骞的马队就以长安城（今西安）为起点，迈出了探寻中华与西方文化交流的步伐。

时至今日，当我们再次踏上“丝绸之路”，探寻沿线的古城遗存，感受当年

李希霍芬

《中国》

的繁盛景象，仅仅一瞬间，历史已走过两千余年。

本书以“丝绸之路”沿线的文化古城为载体，系统地展示了“丝绸之路”在促进中外经济繁荣、文化交流等方面取得的诸多成就，并不断挖掘“丝绸之路”的文化内涵，力图将古代中西交流的文化遗存忠实地呈现给今天依然关注它的读者。

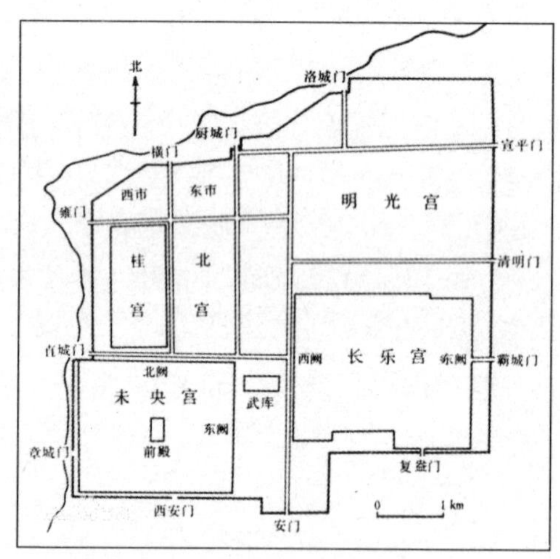

汉长安城遗址平面示意图

目 录

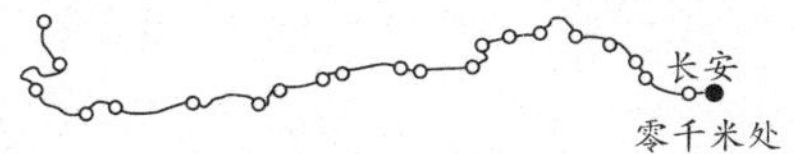

永远的长安——恒久之都

长安，拥有三千多年的建城史，曾是中国历史上十三个王朝的都城。现在的西安，其文脉肌理源自隋唐长安城，明朝洪武二年（1369）改名为西安府，从此“西安”这个名称沿用至今。

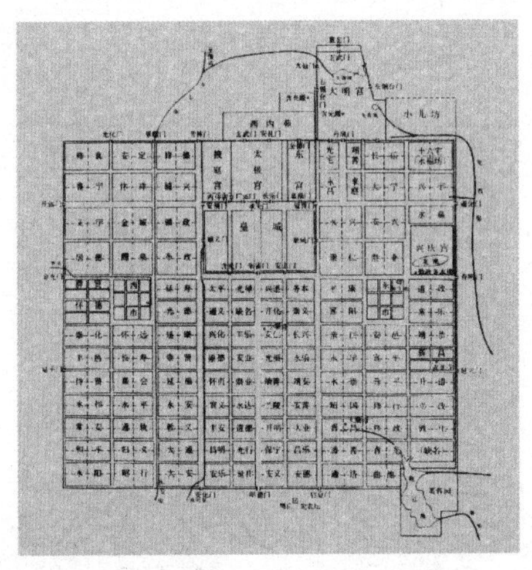

唐长安城示意图

中国史籍以“凿空”称赞张骞开通“丝绸之路”的卓越贡献。西汉通西域后，汉朝使者、商人接踵西行，大量丝帛锦绣外运；西域五十余国通往汉廷的使者不绝于路，各国商队也将各自的珍奇异物运至长安，汉长安城遂成为一个国际性的商贸大都会。战乱纷争的魏晋南北朝时期，仍先后有前赵、前秦、后秦、西魏、北周以长安城为都。在“丝绸之路”因中国战乱无暇西顾而时断时续时，长安城始终是中国最宏大、最重要的城市，也是集结中西方国际贸易的重要商埠。

唐都长安，由宫城、皇城、外郭城三部分组成。长安城呈长方形，东西长9550米，南北长8470米，总面积达84平方千米，不仅是“丝绸之路”终点罗马城的三倍，而且是现存明西安城的七倍多。

隋大业五年（609），隋炀帝自长安率军西巡，重新控制了河西四郡，恢复了“丝绸之路”的秩序。但隋末战乱，丝路又被阻隔。唐初在西突厥的威胁下，西行被禁止。从贞观十三年到显庆二年（639—657）的十余年中，唐朝连续用兵，击败了西突厥，完全控制了天山南北路地区。唐朝先后设立龟兹、于阗、碎叶、疏勒四镇，又先后设立安西都护府和北庭都护府，有效地管理和保护了“丝绸之路”，成为有史以来最繁荣的时期，沿途上百国家和地区经济都得到快速发展。

《资治通鉴》称：“是时中国强盛，自开远门西尽唐境，凡万二千里，闾阊相望，桑麻翳野，天下称富庶者，无如陇右。”

唐长安城，作为世界上第一个人口超过百万的国际化大都市，各国商贾云集。李白曾经描绘唐长安城“西市”中的胡人酒家：“胡姬貌如花，当垆笑春风。笑春风，舞罗衣，君今不醉将安归。”

处于对知识和贸易的渴望，许多肩负重任的使者和探险家穿梭于漫长的“丝绸之路”上，探寻着东西方交流的渠道。同时许多西域和南海国家派出使团来长安城觐见唐朝皇帝。

东罗马金币

敦煌壁画中的《张骞出使西域图》

☀ ☁ 💧 ❄ · DATE · / / /

大雁塔南广场玄奘像

☀ ☁ 💧 ❄ · DATE · / / /

唐 · 章怀太子墓《客使图》

· DATE · / / /

《唐乐舞》壁画

☀ ☁ 💧 ❄ · DATE · / / /

唐·《驼马出行图》壁画

· DATE ·　　/　　/　　/

唐・乐舞俑

☀ ☁ 💧 ❄　　　　· DATE ·　　/　　/　　/

唐·阎立本《步辇图》（局部）

唐・鎏金舞马衔杯银壶

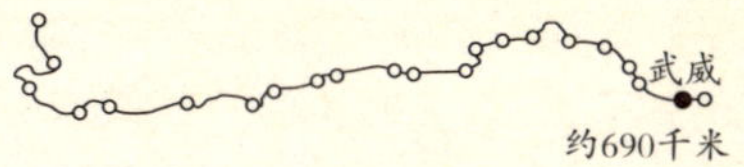

黄河千里外——河西走廊

西汉至唐，从长安至西域东境被称为丝绸之路东段，是“丝绸之路”的起始路段，其主干线是河西路。武威（现甘肃武威）作为河西路段的第一大站，有“丝绸首郡”之称；因汉武帝征河西获大胜，表彰霍去病“军功武威”而得名，也以其“通一线于广汉，控五郡之咽喉”的重要地理位置而闻名于世。“丝绸之路”的开通，使武威成为河西的政治、经济、军事、文化中心。

地处河西路咽喉地带的张掖，是“丝绸之路”重要枢纽。西魏时期，西域商队云集张掖，东罗马帝国和波斯钱币可在交易中使用，张掖成为国际贸易城市。公元609年，隋炀帝西巡，在张掖主持有西域二十七国使臣、商贾参加的“互市”。此后，张掖贸易日益繁荣，由中西贸易的中转站逐步发展成为对外贸易和对外开放的窗口。

酒泉为汉代河西四郡之一，自古是中原通往西域的交通要塞，丝绸之路重镇。汉元狩二年（前121），汉武帝派霍去病进军河西，击溃匈奴昆邪王部，追逐至玉门关外。此后，西汉王朝将中原大量人口迁徙至酒泉等地居耕，开启了当地文明昌盛的新的一页。

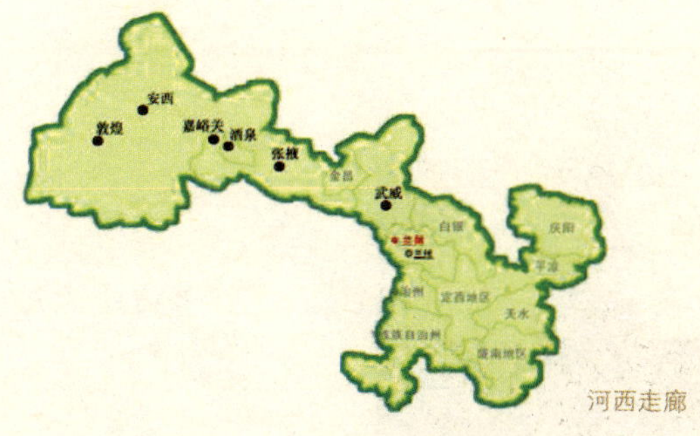

河西走廊

☀ ☁ 💧 ❄ · DATE · / / /

张掖大佛寺

☀ ☁ 💧 ❄ · DATE · / / /

酒泉文殊山石窟佛像

☀ ☁ 💧 ❄ · DATE · / / /

酒泉文殊山石窟壁画

酒泉文殊山石窟壁画

☀ ☁ 💧 ❄ · DATE · / / /

武威天梯山石窟佛像

· DATE ·　　/　/　/

武威天梯山石窟出土最早的活字版西夏文献

☀ ☁ 💧 ❄ · DATE · / / /

武威天梯山石窟佛像

· DATE · / / /

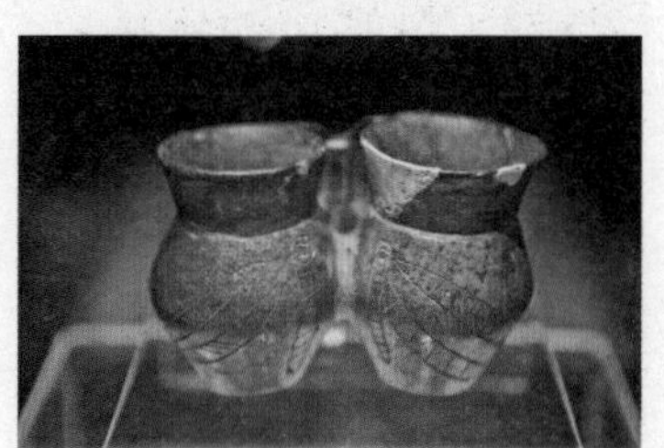

蚕纹双联陶罐

· DATE · / / /

武威 · 铜奔马（又名马踏飞燕）

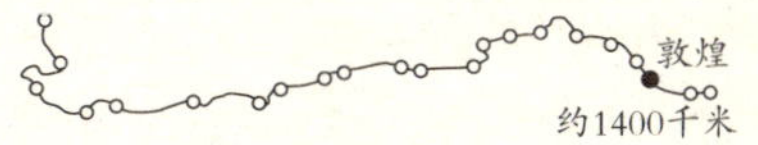

敦煌莫高窟——沙漠大艺廊

敦煌莫高窟

公元前111年，汉武帝在敦煌设郡，敦煌便成为“丝绸之路”上东西方交通的重镇。魏晋南北朝时期，中原战乱，西域不稳，而敦煌恰恰成为相对安定的中间地带，一大批文人士大夫以及佛教教徒开始向敦煌迁移。公元366年，一个名叫乐僔的和尚，开凿了第一座石窟，莫高窟由此创建。至唐代，已有“窟室一千余龛”。

1900年，道士王圆箓雇人清理莫高窟第十六窟甬道的积沙时，偶然发现了藏经洞，洞内藏有公元4至11世纪佛教经卷、社会文书、刺绣、绢画、法器等文物五万余件。这一发现为研究中原及西域地区古代历史、地理、宗教、经济、政治、民族、语言、文学、艺术、科技提供了珍贵的资料。

王圆箓

玉门关，始置于汉武帝设置河西四郡、修筑酒泉至玉门间的长城之时，为通往西域各地的重要关口，因西域输入玉石时取道于此而得名。

阳关，中国古代陆路对外交通咽喉之地，是丝绸之路南路必经关隘。西汉置关，因在玉门关之南，故名“阳关”，和玉门关同为当时通往西域的门户。

玉门关

阳关

☀ ☁ 💧 ❄ · DATE · / / /

北魏・楼阁式三重塔（莫高窟第254窟）

☀ ☁ 💧 ❄ · DATE · / / /

初唐・药师佛（莫高窟第220窟）

☀ ☁ 💧 ❄ · DATE · / / /

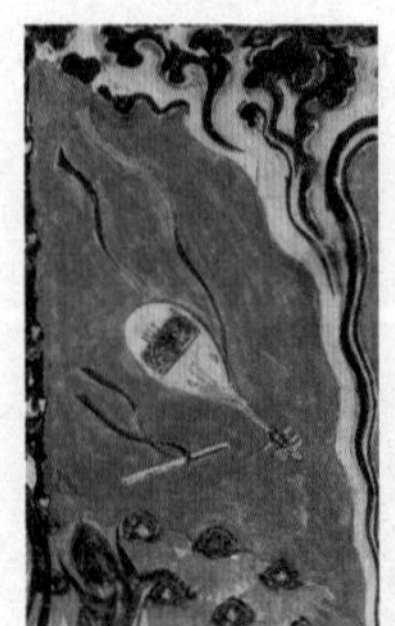

初唐·彩绘琵琶（莫高窟第321窟）

☀ ☁ 💧 ❄ · DATE · / / /

中唐·吹横笛伎乐飞天（榆林窟第15窟）

☀ ☁ 💧 ❄ · DATE · / / /

中唐·盝顶涅槃窟（莫高窟第158窟）

· DATE · / / /

盛唐 · 文殊菩萨（莫高窟第103窟）

☀ ☁ 💧 ❄ · DATE · / / /

盛唐・弟子阿难像（莫高窟第45窟）

☀ ☁ 💧 ❄ · DATE · / / /

晚唐·窟室内景（莫高窟第16、17窟）

西夏·普贤菩萨（榆林窟第3窟）

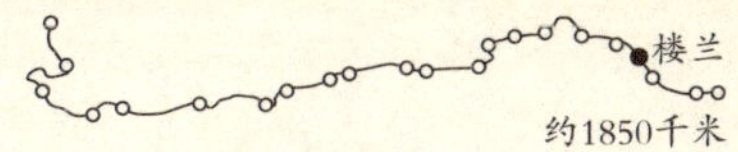

楼兰四千年——小河睡美人

法显和《佛国记》

“沙河中多有恶鬼熱风，遇泽皆死，无一全者。上无飞鸟，下无走兽，遍望极目，欲求度处，则莫知所拟，唯以死人枯骨为标志耳。”东晋高僧法显在《佛国记》中，以近乎骇人听闻的词句描述了对楼兰古城的观感。

1934年，瑞典考古学者沃尔克·贝格曼（Warlock Bergman）在小河墓地发现了他认为是“世界上保存最完好的木乃伊”，这些木乃伊通过鉴定被认为是“印欧人种”。1939年，他在《新疆考古研究》一书中介绍了小河5号墓地宏大的规模、奇特的葬制，引起了世界各地学者的广泛关注。

2000年12月11日，经过中国学者的不懈努力，小河墓地在消失于神秘沙海半个多世纪之后再次出现在世人面前，被誉为中国考古工作者“迎接新世纪的最新发现”。

楼兰作为“丝绸之路”南北两道的分界点，早在公元2世纪就已是西域一个

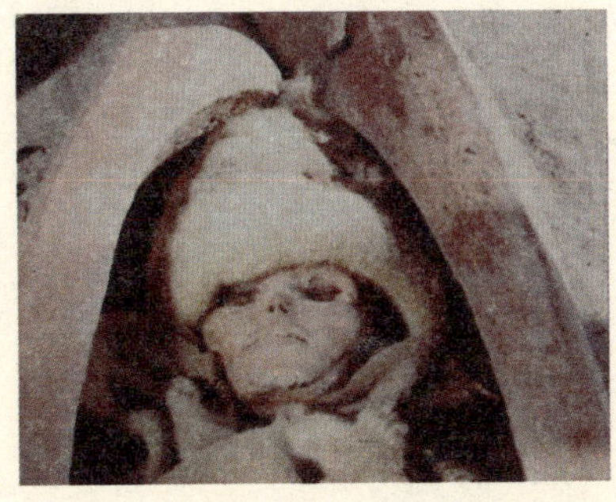
小河公主

小河公主人像复原

著名的城邦。它东通敦煌，西北到焉耆、尉犁，西南到若羌、且末。《汉书·西域传》记载：“鄯善国，本名楼兰，王治扜泥城，去阳关千六百里，去长安六千一百里。户千五百七十，口万四千一百。”

罗布泊

楼兰古城复原图

小河墓地

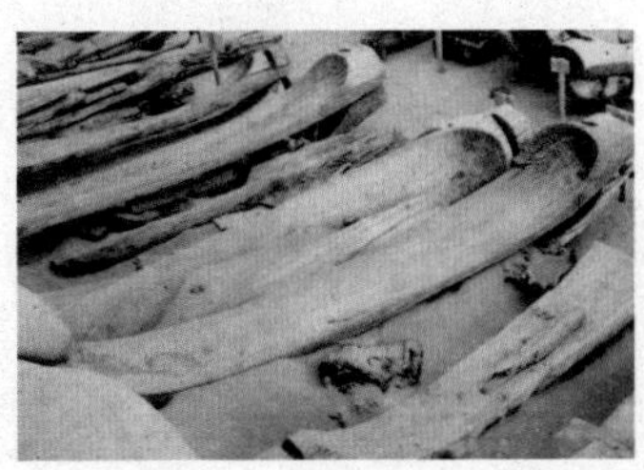

船形棺木

☀ ☁ 💧 ❄ · DATE · / / /

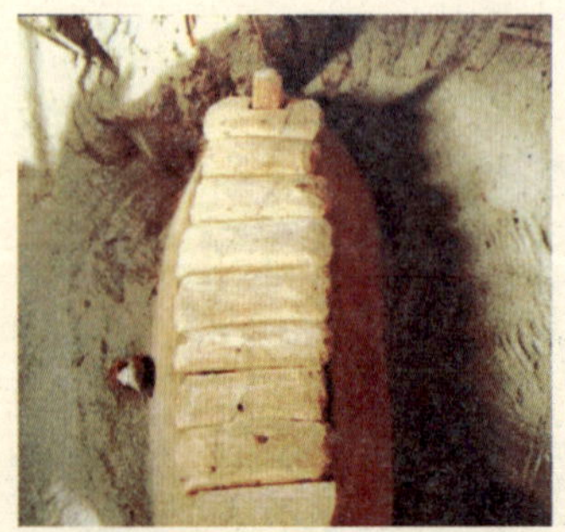

小河墓地牛皮船棺

☀ ☁ 💧 ❄ · DATE · / / /

楼兰出土棉布残画

☀ ☁ 💧 ❄　　　　　　　　　· DATE ·　　　/　　/　　/

楼兰出土木雕残片

· DATE · / / /

楼兰出土人像毛织品残片

☀ ☁ 💧 ❄ · DATE · / / /

楼兰出土木雕及拓片图案

☀ ☁ 💧 ❄ · DATE · / / /

小河墓地露在沙丘表面的立柱

☀ ☁ 💧 ❄ · DATE · / / /

楼兰古城遗址

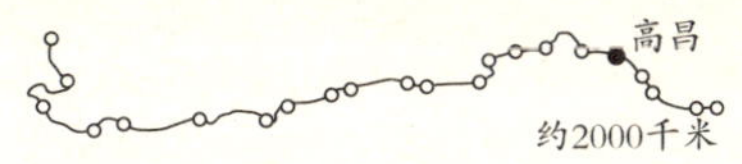

火州吐鲁番——高昌故城

高昌故城位于吐鲁番火焰山南麓，是世界宗教文化荟萃的古城之一。高昌故城呈长方形，周长5.4千米，分外城、内城、宫城三部分，夯土筑成。公元前1世纪，西汉设置高昌壁；公元327年，设高昌郡；公元450年，高昌城成为吐鲁番区域政治、经济、文化中心；公元460年，成为高昌国都城；公元640年，唐朝统一高昌，在此设西州；公元9世纪，成为回鹘高昌国的首府；公元1275年，蒙古军队围攻高昌，回鹘高昌城毁于一旦。

柏孜克里克石窟始凿于麴氏高昌国（497—640）时期，至唐西州时期名叫“宁戎寺”，是新疆地区重要的佛教中心。柏孜克里克石窟以高昌回鹘时期的遗存最为丰富。至公元13世纪末，回鹘高昌王室东迁甘肃永昌，加之伊斯兰教传入，佛教渐衰，柏孜克里克千佛洞随之衰落。

高昌故城遗址

☀ ☁ 💧 ❄ · DATE · / / /

柏孜克里克千佛洞石窟

☀ ☁ 💧 ❄ · DATE · / / /

柏孜克里克千佛洞石窟壁画

☀ ☁ 💧 ❄ · DATE · / / /

33号洞窟壁画：释迦牟尼涅槃后，众弟子默立举哀致意图

☀ ☁ 💧 ❄ · DATE · / / /

柏孜克里克千佛洞石窟壁画

☀ ☁ 💧 ❄ · DATE · / / /

柏孜克里克千佛洞石窟剃度图

☀ ☁ 💧 ❄ · DATE · / / /

柏孜克里克千佛洞石窟壁画

☀ ☁ 💧 ❄ · DATE · / / /

柏孜克里克千佛洞石窟壁画

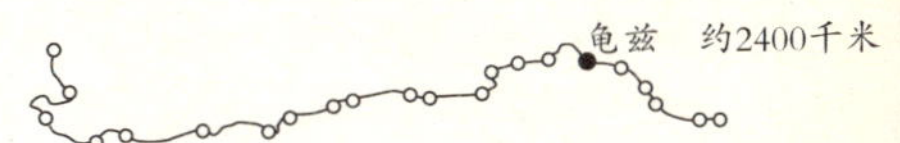

一人的龟兹——鸠摩罗什记

龟兹（qiú cí），梵语Kucina，汉通西域后属西域都护府，唐时属安西都护府，为唐朝安西四镇之一。龟兹拥有比敦煌历史更悠久的石窟艺术，被称作“第二个敦煌莫高窟”。在极长的历史时期内，龟兹是丝绸之路北道的重镇，宗教、文化、经济等极为发达，冶铁业闻名遐迩。龟兹人还擅长音乐，龟兹乐舞便发源于此。

龟兹故国遗址

鸠摩罗什，魏晋南北朝时期的高僧，原籍印度，生于西域龟兹国（今新疆库车一带）。幼年出家，初学小乘佛教，后遍习大乘佛教尤善般若，精通汉文，曾游学天竺诸国，遍访名师大德，深究妙义。公元401年，被后秦高祖姚兴迎至长安译经。鸠摩罗什率弟子僧肇等八百余人，译出《摩诃般若波罗蜜经》《妙法莲华经》《金刚般若波罗蜜经》《维摩诘所说经》《阿弥陀经》《中论》《大智度论》《十二门论》《百论》《成实论》等佛经共74部，384卷，使中国佛教面目一新，因此被后世尊为“佛典汉译之泰斗”。

鸠摩罗什像

鸠摩罗什译《般若经》

☀ ☁ 💧 ❄ · DATE · / / /

克孜尔千佛洞菱格图案

· DATE ·　　/　　/　　/

克孜尔千佛洞壁画

☀ ☁ 💧 ❄ · DATE · / / /

龟兹壁画

☀ ☁ 💧 ❄ · DATE · / / /

龟兹壁画

☀ ☁ 💧 ❄ · DATE · / / /

龟兹壁画

☀ ☁ 💧 ❄

· DATE · / / /

克孜尔石窟摩罗国诸侯头像

· DATE ·　　　/　　/　　/

克孜尔石窟迦叶头像

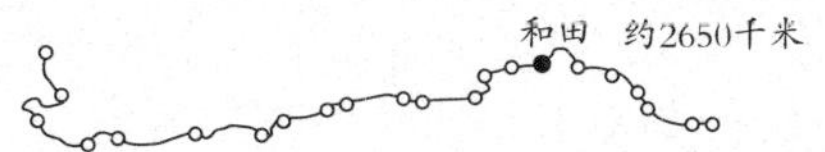

和田寻宝——东方蒙娜丽莎

和田，古称“于阗”，蒙古语意为“产玉石的地方”。西汉通西域后属西域都护府。唐上元元年（674），唐朝在此设毗沙都督府，属安西都护府；北宋初，于阗使臣、僧人数次向宋朝进贡；公元11世纪初，为回鹘黑韩王朝所并；后经蒙古察合台后王、叶尔羌汗国及和卓回王的统治，到清乾隆二十四年（1759）入清朝版图，光绪九年（1883）设和阗直隶州。

丹丹乌里克遗址是位于和田的唐代佛寺遗址，其平面呈“回”字形，出土了大量的珍贵文物，有木版画、古钱币及众多的汉文、梵文、于阗文和婆罗米文文书。众多壁画中最美的一幅是一个佛的脸部形象，这个侧面佛像，脸上不仅体现了宗教的美感，更因一种似隐似现的微笑，被称为“东方的蒙娜丽莎”。

丹丹乌里克遗址

蚕种西传木版画

· DATE ·　　/　　/　　/

丹丹乌里克壁画

☀ ☁ 💧 ❄ · DATE · / / /

丹丹乌里克壁画

☀ ☁ 💧 ❄ · DATE · / / /

丹丹乌里克壁画

☀ ☁ 💧 ❄ · DATE · / / /

丝绸神像木版画

☀ ☁ 💧 ❄ · DATE · / / /

丝绸神像木版画

☀ ☁ 💧 ❄ · DATE · / / /

鬼子母失子因缘故事壁画

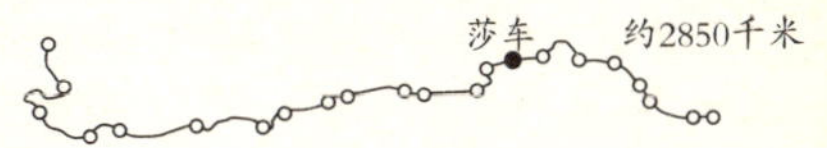

叶尔羌河明珠——莎车古城

莎车，古西域国名，位于今新疆莎车县一带。“丝绸之路”南道要冲，东西方陆路交通枢纽。西汉元康元年（前65），莎车国归属汉朝。东汉初年，莎车王降服匈奴，章和元年（87）班超率师攻打莎车取胜，莎车再次归汉。三国时属魏，附于疏勒。南北朝称渠沙。

公元1514年，叶尔羌汗国（1514—1680）可汗赛义德定都莎车，莎车进入又一辉煌时期，经济和文化得到迅速发展，成为一座著名的伊斯兰名城。1898年（清光绪二十四年）设莎车直隶州。

1868年莎车县城

汉代骆驼载乐画像砖拓片

☀ ☁ 💧 ❄

· DATE · / / /

叶尔羌汗国王陵

☀ ☁ 💧 ❄ · DATE · / / /

棺木上精美的雕花图案

☀ ☁ 💧 ❄ · DATE · / / /

阿曼尼莎汗像

叶尔羌汗国创始人苏里唐赛义德汗陵墓

☀ ☁ 💧 ❄ · DATE · / / /

烽火台

☀ ☁ 💧 ❄ · DATE · / / /

阿曼尼莎汗陵

☀ ☁ 💧 ❄ · DATE · / / /

阿勒屯清真寺

☀ ☁ 💧 ❄ · DATE · / / /

阿勒屯麻扎

☀ ☁ 💧 ❄ · DATE · / / /

莎车县老城

叶尔羌铜币

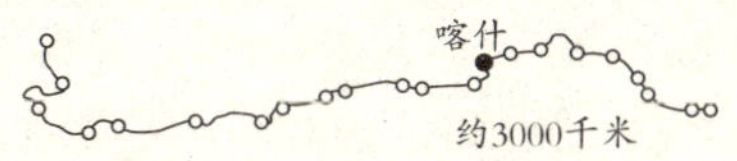

十字口喀什——疏勒的赞歌

喀什，古称疏勒，历史上是横贯亚欧大陆“丝绸之路”中国南、北、中三路在西端交汇的商埠重镇，是著名的“安西四镇”之一，被欧美国家誉为“东方开罗”，是通往西亚和欧洲的唯一陆路通道。这里位于中国西陲，东临塔克拉玛干沙漠，南依喀喇昆仑山，西靠帕米尔高原（古称葱岭）。平均海拔3600米，地势险要。历史上它曾阻挡了马其顿国王亚历山大东进的铁骑，又限制了班超出征的步履。然而，自然条件的险恶并不能阻挡文明的往来。汉和帝时，西域都护班超遣甘英出使大秦，就跨越这片高原，将文明的信号首次以政府间外交的形式传递到了波斯湾一带。唐朝时，玄奘历经磨难，从这里走上了南亚次大陆的印度古国。

塔什库尔干石头城始建于唐代，是历代管理和控制“丝绸之路”的军事要塞。这座建立在帕米尔高原腹地的孤城，始终依靠着喀什强大的后勤保障，才得以在几个世纪的历史岁月中立于不败之地，也见证了“丝绸之路”的辉煌。

消失的疏勒国

☀ ☁ 💧 ❄ · DATE · / / /

疏勒国宫城：盘橐城（班超城）

☀ ☁ 💧 ❄ · DATE · / / /

疏勒国莫尔佛塔遗址

☀ ☁ 💧 ❄ · DATE · / / /

汉代疏勒城遗址

· DATE ·　　/　　/　　/

疏勒国古城墙

☀ ☁ 💧 ❄ · DATE · / / /

艾提尕尔清真寺

☀ ☁ 💧 ❄ · DATE · / / /

香妃墓

☀ ☁ 💧 ❄ · DATE · / / /

疏勒河，一条承载历史和希望的河

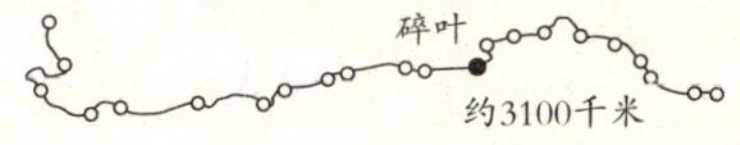

西陲碎叶城——诗仙的故乡

碎叶城作为唐朝在西域的重镇，是中国历代王朝在西部地区设防最远的一座边陲城市，它与龟兹、疏勒、于阗并称为唐代“安西四镇”，“丝绸之路”的天山古道由此经过。天山古道是连接中亚草原与中国西北沙漠的捷径，也是最为险峻的古代山路。公元627年，玄奘经凉州出玉门关西行赴天竺取经，走的正是这条“难以全生”的危险道路。中国历代的使节、商人、僧侣，曾一批又一批在这条古道上循着天山北麓的峡谷，西行到西域各国。

玄奘（602-664）

碎叶在唐代也是重要的商镇。据郭沫若考证，唐代大诗人李白就出生在碎叶城内富商之家。李白幼时，其父就在碎叶教他读司马相如的辞赋，可见当时中原文化在碎叶已相当流行。

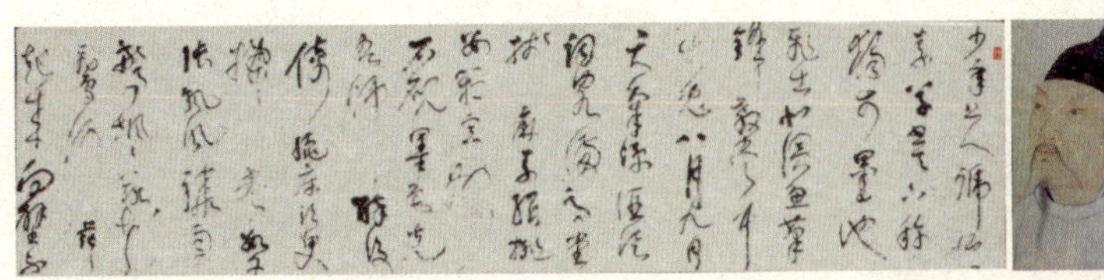
李白像与李白《草书歌行》

· DATE ·　　/　　/　　/

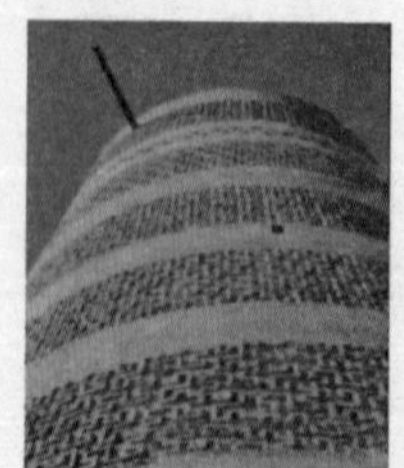

碎叶城布拉纳塔

碎叶城布拉纳塔下的古代石刻

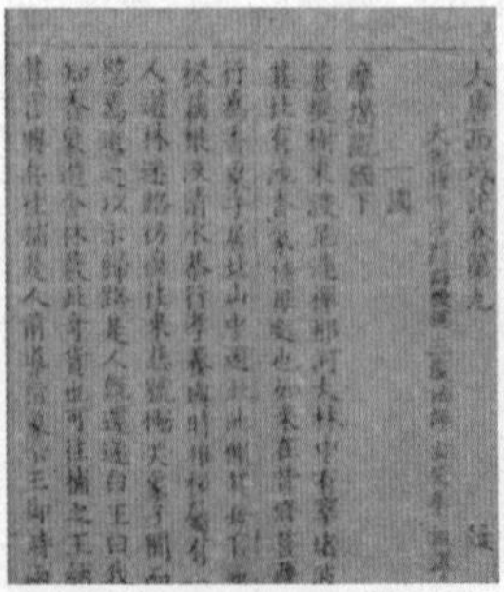

《大唐西域记》局部

· DATE · / / /

李白手迹《上阳台帖》

☀ ☁ 💧 ❄ · DATE · / / /

南宋·梁楷《李白行吟图》

· DATE · / /

清・苏六朋《清平调图》

☀ ☁ 💧 ❄ · DATE · / / /

碎叶城遗址

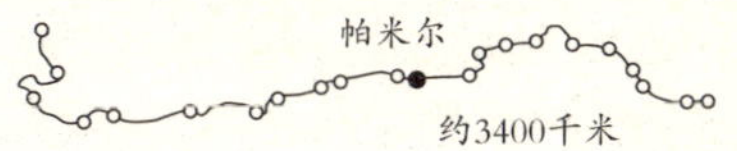

横越帕米尔——天柱不周山

帕米尔高原，古称不周山，汉称葱岭，自唐始被称为“帕米尔”。帕米尔是丝绸之路的必经之地，从自然地理角度讲帕米尔是一个东西方地域交通的阻碍，但从人文地理上讲则是东西方文明的交会点，因为丝绸之路的两个重要的通道——中道和南道都是经过于此。作为天山、昆仑山、喀喇昆仑山山脉的汇集处，这里被认为是历史上西域与中亚的分界岭。

帕米尔高原

· DATE ·　　/　　/　　/

帕米尔高原

☀ ☁ 💧 ❄ · DATE · / / /

帕米尔高原古驿站遗址

☀ ☁ 💧 ❄　　　　· DATE ·　　/　　/　　/

共工怒触不周山

☀ ☁ 💧 ❄ · DATE · / / /

高原牧场

· DATE · / / /

帕米尔高原丝路遗址

☀ ☁ 💧 ❄ · DATE · / / /

丝绸之路上的古驿站

☀ ☁ 💧 ❄ · DATE · / / /

玉其塔什草原

遥远的大宛——汗血宝马

大宛（dà yuān），在今中亚费尔干纳盆地。大宛的得名：“宛”是从古印度巴利语的耶婆那（Yavana）转译而来，耶婆那在当时中亚泛称的希腊人，从爱奥尼亚人（Ionians）转译而来，故此，“大宛”在字义上很可能是“大爱奥尼亚”。大宛在希腊化的塞琉古王国和大夏的统治下逐渐兴盛繁荣，直到公元前160年受到大月氏迁徙的影响，与希腊世界隔离。

大宛与中国的交流，代表西方文明首次大规模与中国文明的接触。汉武帝时，前138年，张骞出使西域，首先到达大宛。大宛农业和畜牧业兴盛，并以出产“汗血宝马”著称。汉武帝太初元年（前104）贰师将军李广利率军征讨大宛，太初四年（前101）大宛请降，汉得良马数十匹，中马以下三千余匹。此后，大宛驸属于汉。

唐·韩幹《牧马图》

大夏国王欧西德莫斯一世肖像

☀ ☁ 💧 ❄ · DATE · / / /

清・郎世宁《十骏图・大宛骝》

· DATE ·　　/　　/　　/

汉 · 汗血马塑像

☀ ☁ 💧 ❄ · DATE · / / /

希腊化塞人骑手图案毛织品

☀ ☁ 💧 ❄ · DATE · / / /

唐三彩汗血宝马

☀ ☁ 💧 ❄ · DATE · / / /

唐·昭陵壁画《献马图》

☀ ☁ 💧 ❄   · DATE ·   /   /   /

汗血宝马

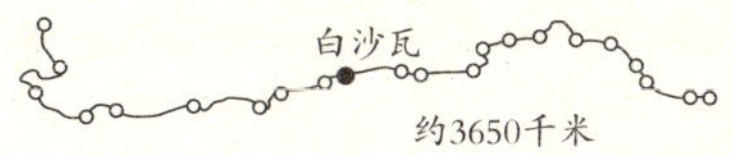

南亚门户——白沙瓦

白沙瓦是巴基斯坦最具有民族特色的城市，为中亚、西亚同南亚间的交通要冲和贸易地。公元2世纪初，贵霜帝国迦腻色迦王曾在此建都，既是佛教文化中心之一，也是丝绸之路通向南亚的门户。公元4至7世纪，晋朝高僧法显、唐朝高僧玄奘曾先后到此。玄奘在《大唐西域记》中称这里是“花果繁茂”的天府之国。

从公元12世纪起，在南亚地区，伊斯兰教逐渐兴盛，佛教文化渐衰。到莫卧儿王朝时期，该城经济和文化得到迅速发展，成为南亚最重要的城市之一。

巴布尔大帝（1483-1530）

☀ ☁ 💧 ❄ · DATE · / / /

白沙瓦博物馆

☀ ☁ 💧 ❄ · DATE · / / /

贵霜佛教题材浮雕

· DATE ·　　/　　/　　/

贵霜王朝时期的佛像

· DATE ·　　/　　/　　/

贵霜王朝时期的佛像

贵霜王朝时期的佛像

白沙瓦博物馆馆藏燃灯佛授记

☀ ☁ 💧 ❄ · DATE · / / /

白沙瓦博物馆馆藏佛像

☀ ☁ 💧 ❄ · DATE · / / /

白沙瓦博物馆馆藏佛像

☀ ☁ 💧 ❄ · DATE · / / /

白沙瓦博物馆馆藏壁画人物

☀ ☁ 💧 ❄ · DATE · / / /

在巴基斯坦首都伊斯兰堡以西约40公里处，有一座古老的城市——塔克西拉，这里曾是丝绸之路上熠熠生辉的通衢大埠，如今已成为一座公众看得见的城基遗址保护区。

· DATE · / / /

白沙瓦伊斯兰大学

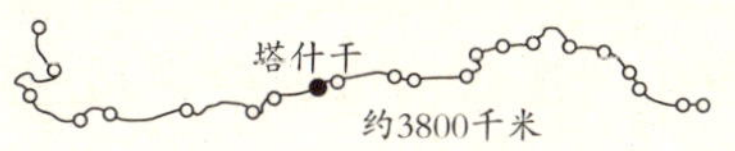

石头之城——塔什干

塔什干，在乌兹别克语中意为“石头城”，因地处山麓冲积扇一带，有巨大卵石而得名。公元前2世纪建城，公元6世纪以商业、手工业著称，是“丝绸之路”的必经之地。

唐代称“石国”，天宝九载（750）唐将高仙芝攻占塔什干。翌年，石国向大食求援，引发怛罗斯战役。高仙芝兵败，石国归附大食，阿拉伯帝国完全控制中亚。同时，中国造纸术由此西传。

塔什干老城

唐玄宗（685–762）

☀ ☁ 💧 ❄ · DATE · / / /

恒罗斯战役想象图

☀ ☁ 💧 ❄ · DATE · / / /

阿拉伯骑兵

☀ ☁ 💧 ❄ · DATE · / / /

唐代骑兵

☀ ☁ 💧 ❄ · DATE · / / /

哈斯特·伊玛目清真寺

· DATE ·　　/　　/　　/

伊玛目清真寺一角

塔什干地震纪念碑

☀ ☁ 💧 ❄ · DATE · / / /

塔什干最大的平民市场——圆顶集市

☀ ☁ 💧 ❄ · DATE · / / /

高仙芝（？ –756）

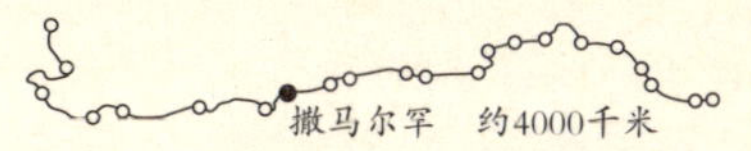

草原帝都——撒马尔罕

撒马尔罕，意为“肥沃的土地”，作为“丝绸之路”北线的枢纽城市，撒马尔罕连接着波斯、印度和中国三大帝国。公元1231年，作为花剌子模帝国新都和文化中心的撒马尔罕被成吉思汗攻陷。随着帖木儿帝国的兴起，从亚洲各地劫掠来的能工巧匠，在撒马尔罕城修建了辉煌的宫殿和清真寺。

撒马尔罕，是乌兹别克斯坦第二大城市，地处古代东西方文化交流的中心，其城市建筑和城镇景观是伊斯兰文化创造力的杰作。城内现存文物古迹众多，如建于15世纪的帖木儿家族陵墓、15—17世纪的列吉斯坦神学院、15世纪的比比·哈内姆大清真寺、兀鲁伯天文台等。

列吉斯坦广场帖木儿像

☀ ☁ 💧 ❄ · DATE · / / /

帖木儿与大臣

☀ ☁ 💧 ❄ · DATE · / / /

史坦尼斯劳·查雷波斯基
《被帖木儿囚禁的苏丹巴耶赛特》

☀ ☁ 💧 ❄ · DATE · / / /

帖木儿战士

☀ ☁ 💧 ❄ · DATE · / / /

帖木儿战士

☀ ☁ 💧 ❄ · DATE · / / /

列吉斯坦广场

☀ ☁ 💧 ❄ · DATE · / / /

列吉斯坦神学院内景

· DATE ·　/　/　/

亚历山大时期的希腊银币

☀ ☁ 💧 ❄　　　　· DATE ·　　/　　/　　/

沙赫静达陵墓

☀ ☁ 💧 ❄ · DATE · / / /

兀鲁伯天文台

☀ ☁ 💧 ❄ · DATE · / / /

兀鲁伯天文台仪器

☀ ☁ 💧 ❄ · DATE · / / /

帖木儿的军队

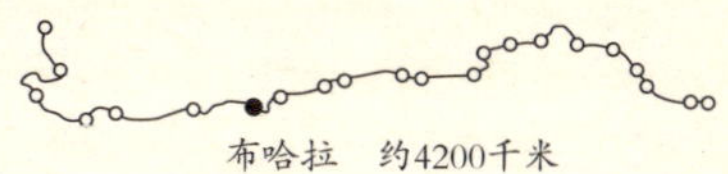

博物馆之城——布哈拉

布哈拉，中亚最古老的城市之一，为梵文“修道院”之意。公元前1世纪建城，公元9至10世纪时为萨曼王朝（874—999）都城，是中亚伊斯兰教学术文化中心。公元1220年为成吉思汗占领，公元1370年又被帖木儿帝国统治。公元16世纪，萨马尼德人建都于此，史称布哈拉汗国。

萨曼王朝军队击败葛逻禄突厥人

表现萨曼铁骑同突厥铁骑战斗的壁画

布哈拉也是古丝绸之路重镇之一，曾在东西方贸易、文化交往中发挥了重要的桥梁作用，至今保留着许多当时的集市贸易遗址。公元7世纪，随着伊斯兰教开始在布哈拉传播和盛行，布哈拉兴建了上千座清真寺、神学院和其他祭祀场所，是当时著名的伊斯兰教学术重镇，享有“博物馆之城”的美誉。

帖木儿家族陵墓

☀ ☁ 💧 ❄ · DATE · / / /

医学家兼哲学家伊本·西拿（980–1037）

· DATE · / / /

中世纪阿拉伯医学著作《医典》

· DATE · / / /

萨曼战士

· DATE ·　/　/　/

萨曼王朝时期的《古兰经》

☀ ☁ 💧 ❄ · DATE · / / /

卡扬清真寺

· DATE ·　　/　　/　　/

昔班尼时代的哈纳克大市场

萨珊金币

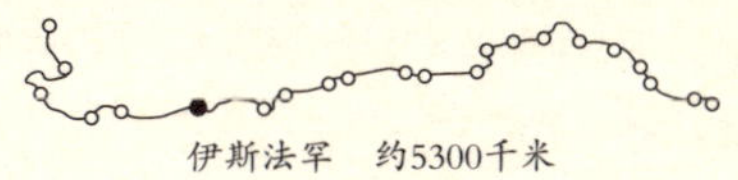

伊斯法罕——伊斯兰明珠

伊斯法罕是伊朗最古老的城市之一，建于公元前5世纪—前4世纪的阿黑门尼德王朝时期，多次成为王朝首都。公元前330年，在马其顿王国军队入侵时遭受破坏，后被修复，并在塞琉古王国、阿尔沙克王朝及萨珊王朝时期成为重要城镇。公元640年，阿拉伯帝国占据时的伊斯法罕也遭受毁坏，后被修复。公元11世纪—12世纪，该城也曾为塞尔柱王朝首都。

伊斯法罕在萨非王朝（1501—1736）时期达到顶峰，阿拔斯一世于公元1598年把都城迁至伊斯法罕，使之成为帝国的行政、商业和文化中心。伊斯兰谚语："伊斯法罕相当于半个世界"，体现了伊斯法罕作为"丝绸之路"南路途经要站的繁荣景象和重要地位。

阿拔斯一世（1571–1629）

☀ ☁ 💧 ❄ · DATE · / / /

伊斯法罕四十柱宫壁画

☀ ☁ 💧 ❄　　　　　　· DATE ·　　/　　/　　/

伊斯法罕四十柱宫壁画

☀ ☁ 💧 ❄ · DATE · / / /

伊斯法罕四十柱宫壁画

· DATE ·　　/　　/　　/

伊斯法罕聚礼清真寺

☀ ☁ 💧 ❄　　　　　　　　　　　　　　　　· DATE ·　　　/　　/　　/

伊斯法罕伊玛目清真寺

☀ ☁ 💧 ❄ · DATE · / / /

伊斯法罕伊玛目清真寺

☀ ☁ 💧 ❄　　　　　　　　· DATE ·　　/　　/　　/

伊斯法罕伊玛目清真寺

· DATE ·　　/　　/　　/

伊斯法罕伊玛目清真寺夜景

· DATE · / / /

伊斯法罕33孔桥

☀ ☁ 💧 ❄ · DATE · / / /

伊斯法罕罗特福拉清真寺的壁龛

· DATE ·   /   /   /

伊斯法罕阿里卡普宫

☀ ☁ 💧 ❄ · DATE · / / /

伊斯法罕波普墓

产于伊斯法罕的丝绒外套

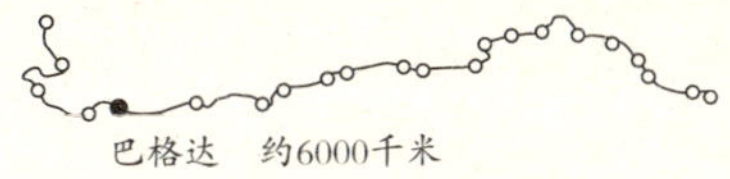

走过巴格达——一千零一夜

巴比伦位于幼发拉底河和底格里斯河的交汇处，早在公元前1894年，阿摩利人就以巴比伦为都城，建立了古巴比伦王国。在古巴比伦国最出色的国王汉谟拉比死后，巴比伦不断受到外族的进攻，约前1595年为赫梯王国所灭。公元前626年，迦勒底人在那勃来萨领导下在巴比伦建立新巴比伦王国。尼布甲尼撒二世统治时期（前604—前562），国势达到顶峰。公元前538年，新巴比伦王国又被波斯人彻底毁灭。

汉谟拉比头像

《汉谟拉比法典》浮雕

尼布甲尼撒二世

在中国史籍中被称为“黑衣大食”的阿拉伯阿拔斯王朝（750—1258）第二位哈里发曼苏尔（754—775）定都巴格达，命名“麦地那·阿萨拉姆”，即“和平之城”。公元8世纪中期至9世纪，巴格达城进入全盛时期，成为阿拉伯帝国的政治、经济、贸易、文化和宗教中心，就像《一千零一夜》中描述的阿拉伯神话国度一样。

☀ ☁ 💧 ❄ · DATE · / / /

巴格达《一千零一夜》雕塑
山鲁亚尔国王在聆听王妃山鲁佐德讲故事

☀ ☁ 💧 ❄ · DATE · / / /

巴格达《一千零一夜》雕塑
渔夫和魔瓶的故事

· DATE ·　　/　　/　　/

古巴比伦遗址

☀ ☁ 💧 ❄ · DATE · / / /

古巴比伦遗址

☀ ☁ 💧 ❄ · DATE · / / /

巴别塔想象复原图

☀ ☁ 💧 ❄ · DATE · / / /

古巴比伦空中花园想象复原图

· DATE · / / /

萨德阿巴德宫

· DATE ·　　/　　/　　/

巴别塔复原图

☀ ☁ 💧 ❄ · DATE · / / /

巴格达礼拜五清真寺

☀ ☁ 💧 ❄ · DATE · / / /

巴格达海达尔哈纳清真寺

☀ ☁ 💧 ❄ · DATE · / / /

伊拉克——亚述古城

· DATE · / / /

古兰经门

☀ ☁ 💧 ❄ · DATE · / / /

阿什塔门

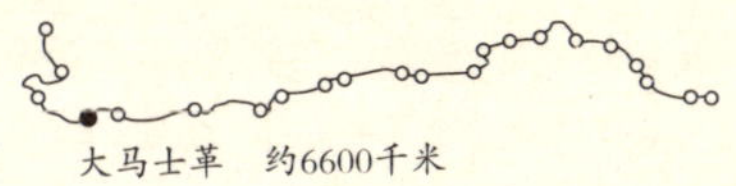

大马士革——天国里的城市

大马士革是一座有着四千多年历史的美丽古城，从古老的罗马帝国、拜占庭帝国、塞尔柱帝国、阿拉伯帝国、花剌子模帝国、伊尔汗国到帖木儿帝国和奥斯曼帝国，大马士革一直被誉为“天国里的城市”。公元636年，阿拉伯帝国征服大马士革，公元661年，大马士革成为倭马亚王朝（661—750）的首都，城市的权力与名望均到达顶峰。

大马士革老城

撒拉丁（1138–1193）

· DATE ·　　/　　/　　/

倭马亚清真寺

· DATE · / / /

大马士革门

· DATE ·　　/　　/　　/

大马士革古城边的撒拉丁雕像

☀ ☁ 💧 ❄ · DATE · / / /

卡兹米耶清真寺内景

· DATE · / / /

大马士革清真寺

☀ ☁ 💧 ❄ · DATE · / / /

大马士革土耳其风格的清真寺

☀ ☁ 💧 ❄ · DATE · / / /

大马士革古城

· DATE ·　　/　　/　　/

大马士革的努尔丁陵墓屋顶

☀ ☁ 💧 ❄ · DATE · / / /

撒拉丁陵墓

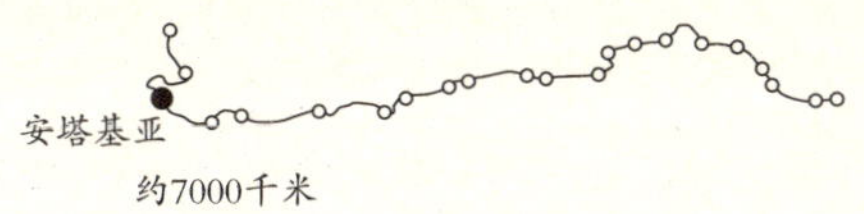

安塔基亚——地中海明珠

安塔基亚位于土耳其南部、地中海东部，约公元前300年塞琉古一世所建。古称“安条克”“安提阿”，为塞琉古王朝的都城。安塔基亚被罗马帝国征服后，从公元2世纪起取代埃及的亚历山大，成为罗马帝国东部的最大城市，是古代基督教最重要的中心之一，在君士坦丁堡建立之前一直是“丝绸之路”的终点。

安条克一世头像的金币

☀ ☁ 💧 ❄ · DATE · / / /

塞琉古内姆鲁特达格遗址

☀ ☁ 💧 ❄ · DATE · / / /

塞琉古内姆鲁特达格遗址

☀ ☁ 💧 ❄ · DATE · / / /

塞琉古王朝浮雕墙面

☀ ☁ 💧 ❄ · DATE · / / /

大理石建的哈德良门

☀ ☁ 💧 ❄ · DATE · / / /

阿斯潘多斯古剧场

☀ ☁ 💧 ❄ · DATE · / / /

土耳其考古博物馆

☀ ☁ 💧 ❄ · DATE · / / /

西戴，古代的海港

☀ ☁ 💧 ❄ · DATE · / / /

安塔基亚清真寺

☀ ☁ 💧 ❄ · DATE · / / /

阿斯潘多斯剧场是当今世界上保存最完好的古剧场之一

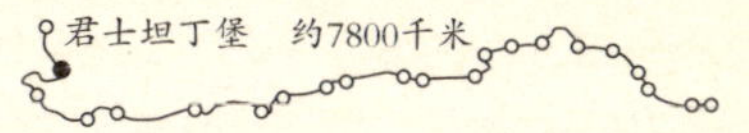

君士坦丁堡——拜占庭的余晖

君士坦丁堡是古希腊建立的移民城市，旧称拜占庭，始建于公元前660年，罗马帝国君士坦丁大帝扩建拜占庭，于公元330年宣布迁都于此，并改名为君士坦丁堡，意谓“君士坦丁之城”，从此，这个城市开始了它辉煌的千年历史。公元395年，罗马帝国正式分裂为东、西两部分后，君士坦丁堡作为东罗马帝国（拜占庭帝国）的首都，成为地中海东部政治、经济、文化中心。公元1453年，君士坦丁堡被土耳其军队攻陷，成为奥斯曼帝国首都，更名为伊斯坦布尔，直到1922年奥斯曼帝国灭亡。

伊斯坦布尔的古城墙遗址

托普卡匹皇宫外景

· DATE ·　　/　　/　　/

君士坦丁大帝雕像

☀ ☁ 💧 ❄ · DATE · / / /

君士坦丁堡城墙遗址

狄奥多西城墙

☀ ☁ 💧 ❄ · DATE · / / /

苏雷曼尼亚清真寺

☀ ☁ 💧 ❄ · DATE · / / /

七塔之堡——君士坦丁堡城墙

· DATE ·　　/　/　/

泉源之门——君士坦丁堡城墙

☀ ☁ 💧 ❄ · DATE · / / /

狄奥多西城墙与布雷契耐城墙连接部分

☀ ☁ 💧 ❄ · DATE · / / /

米海尔八世金币，纪念重夺君士坦丁堡

☀ ☁ 💧 ❄　　　　· DATE ·　　/　　/　　/

托普卡匹皇宫内景

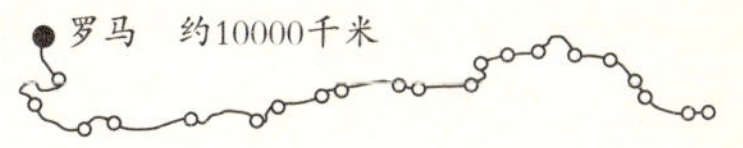

大路通罗马——欧洲的心脏

罗马是世界文化的发源地之一，沉淀了数千年历史遗迹，有着丰富的文化遗产资源。它建筑在台伯河之间的七座山冈上，几经毁灭又几度复兴。古罗马遗迹规模宏大，令人流连忘返。千百年来，人们总是对它怀有神秘之感和景仰之情——因为它曾是“世界帝国首都”，是一座创造过辉煌文明的古城，而这里也正是“丝绸之路”的终点。

罗马古城

万神殿屋顶

☀ ☁ 💧 ❄ · DATE · / / /

罗马斗兽场

☀ ☁ 💧 ❄ · DATE · / / /

罗马帝国的建立者屋大维

· DATE ·　　/　　/　　/

意大利地标罗马许愿池

☀ ☁ 💧 ❄ · DATE · / / /

雅典娜神庙

后 记

“丝绸之路”，这条大动脉贯通了人类文明发展的中心——亚、欧、非三个大陆，促进了黄河流域的中华古文明、印度河流域的印度古文明、两河流域的西亚古文明、尼罗河流域的埃及古文明以及欧洲的希腊古文明和罗马古文明的交流融合，也促进了佛教、基督教、伊斯兰教的传播，对人类文明发展产生了极大的影响，是不同国家和地区、不同民族、不同宗教之间和平交往、商贸互通、文明交融、和谐相处的友谊之路。

2013年9月，中国国家主席习近平访问中亚四国时，首次提出共同建设地跨欧亚的“丝绸之路经济带”的伟大构想，使欧亚各国的经济联系更加紧密、相互合作更加深入、发展空间更加广阔。

借助这部小书，我们重温了“丝绸之路”上的古国文明史进程。当年古丝路上的辉煌已深入我们的记忆，而今，重振雄风的号角已经吹响，中华民族正在奋发努力，千年中国梦定能实现！

图书在版编目（CIP）数据

丝绸之路　古城日记 / 徐宏宪编写. — 西安 : 陕西人民美术出版社，2015.1
ISBN 978-7-5368-3161-2

Ⅰ. ①丝… Ⅱ. ①徐… Ⅲ. ①丝绸之路 – 史料 Ⅳ. ①K928.6

中国版本图书馆CIP数据核字(2014)第310238号

丝绸之路　古城日记
编　　写　徐宏宪
出版发行　陕西出版传媒集团　陕西人民美术出版社
出 版 人　李晓明
经　　销　新华书店经销
印　　刷　陕西金和印务有限公司
开　　本　889mm × 1194mm　1/32
印　　张　7
字　　数　100千字
版　　次　2015年1月第1版
印　　次　2015年1月第1次印刷
印　　数　1–6000
书　　号　ISBN 978-7-5368-3161-2
定　　价　24.80元